Impressum
Verlag: BABADADA GmbH, Nedderfeld 112 , 22529 Hamburg
Geschäftsführer / Verlagsleitung: Harald Hof
Druck: Books on Demand GmbH, In de Tarpen 42, 22848 Norderstedt

Imprint
Publisher: BABADADA GmbH, Nedderfeld 112 , 22529 Hamburg, Germany
Managing Director / Publishing direction: Harald Hof
Print: Books on Demand GmbH, In de Tarpen 42, 22848 Norderstedt, Germany

ښوونځی

škola

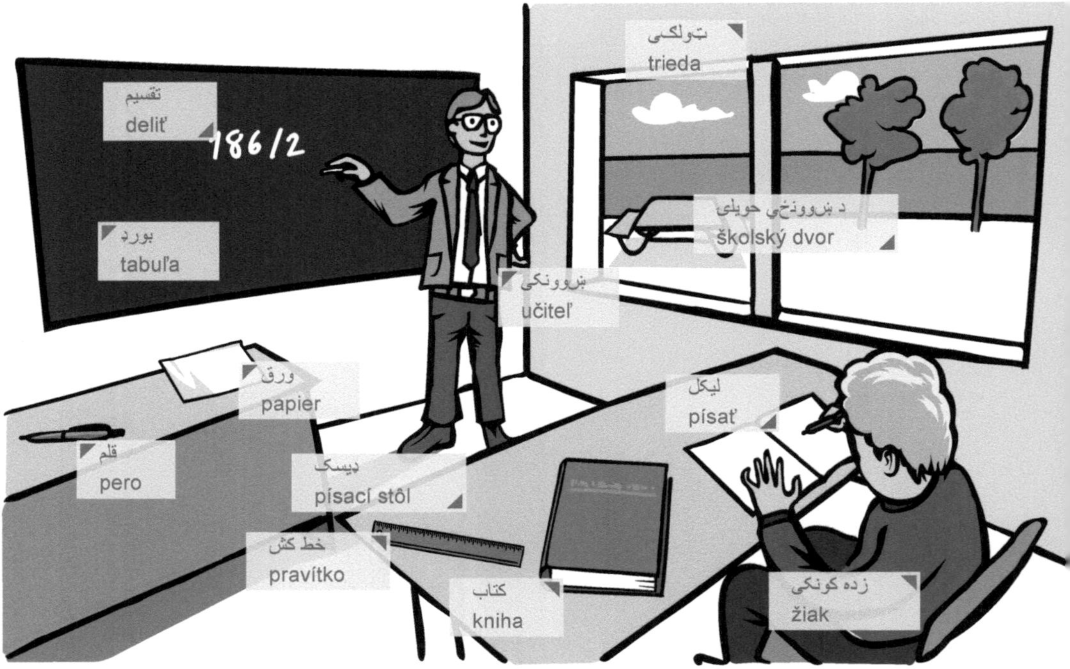

ټولګی
trieda
تقسیم
deliť
186/2
د ښوونځي حویلی
školský dvor
بورډ
tabuľa
ښوونکی
učiteľ
ورق
papier
لیکل
písať
قلم
pero
ډیسک
písací stôl
خط کش
pravítko
کتاب
kniha
زده کونکی
žiak

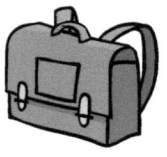

کڅوړه

školská taška

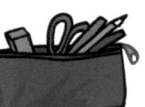

د پنسل بکسه

peračník

پنسل

ceruza

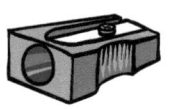

پنسل تراش

strúhadlo na ceruzky

ربړ

guma

د رسامۍ پاڼه

skicár

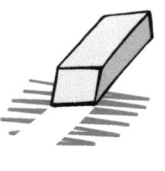

رسامي

kresba

د نقاشی برس

štetec

د نقاشی بکس

vodové farby

قیچی

nožnice

سریش

lepidlo

د تمرین کتاب

cvičný zošit

کورنی دنده

domáca úloha

12

شمیر

číslo

2+2

جمع

sčítať

5-2

منفي

odčítať

2×2

ضرب

násobiť

حساب

počítať

A

توری

písmeno

ABCDEFG
HIJKLMN
OPQRSTU
VWXYZ

الفبا

abeceda

کلمه

slovo

متن

text

لستلول

čítať

تباشیر

krieda

درس

hodina

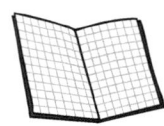

رجستّر

triedna kniha

ازموینه

skúška

تصدیق پانۀ

certifikát

د ښوونځي يونيفارم

školská uniforma

تعلیم

vzdelanie

دایره المعارف

encyklopédia

پوهنتون

univerzita

مایکروسکوپ

mikroskop

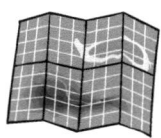

نقشه

mapa

اشغالدانی

kôš na papier

سفر

cesta

هوټل
hotel
Grand
لیلیه
nocľaháreň
ROOMS
د اسعارو د تبادلې دفتر
zmenáreň
بکس
kufor
موټر
auto

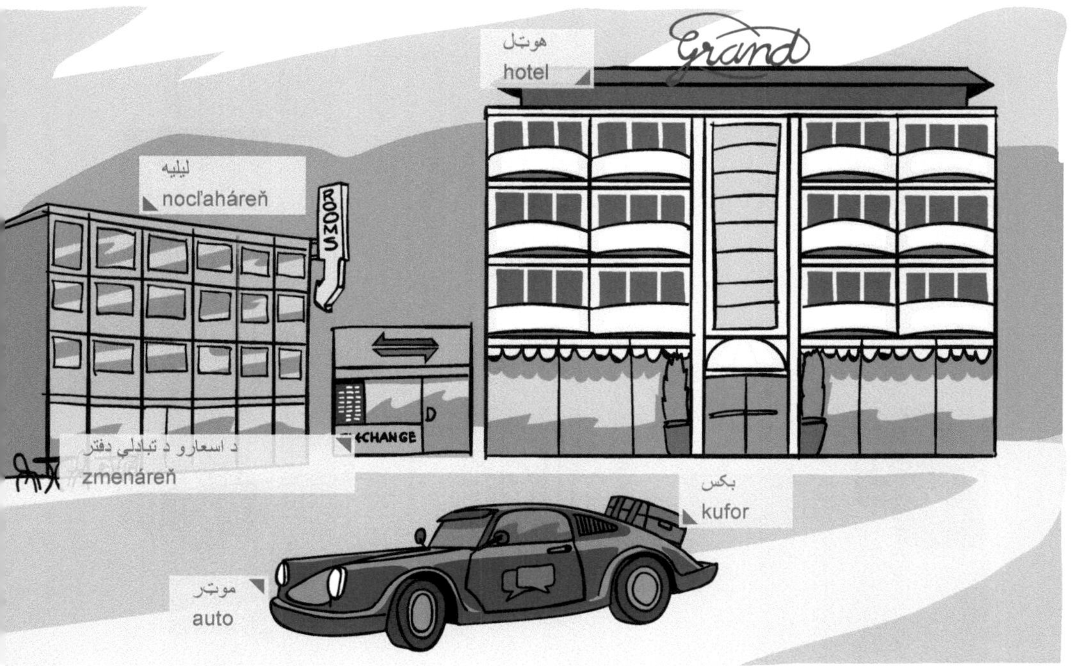

ژبه

jazyk

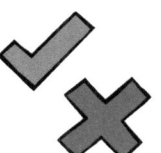

هو/نه

áno/nie

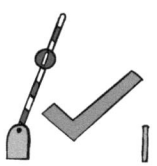

سمه ده

v poriadku

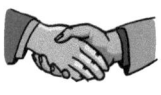

سلام

ahoj

ژباړونکی

prekladateľ

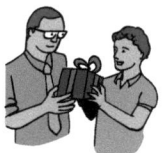

مننه

ďakujem

څومره دي...؟

Koľko stojí ... ?

زه نه پوهیږم

Nerozumiem

ستونزه

problém

ماښام مو پخیر!

Dobrý večer!

سهار په خیر!

Dobré ráno!

شپه په خیر!

Dobrú noc!

په مخه مو ښه

Dovidenia

لاریون

smer

سامان

batožina

بیگ

taška

شاتنی بکس

batoh

میلمه

hosť

خونه

izba

د خوب کڅوړه

spacák

خیمه

stan

د توريزم معلومات

informácie pre turistov

ساحل

pláž

کریدیت کارت

kreditná karta

ناری

raňajky

د غرمي خواړه

obed

د شپې خواړه

večera

تيکټ

cestovný lístok

لفت

výťah

مهر

poštová známka

پوله

hranica

کمرک

clo

سفارت

veľvyslanectvo

ويزه

vízum

پاسپورت

cestovný pas

ټرانسپورټ

doprava

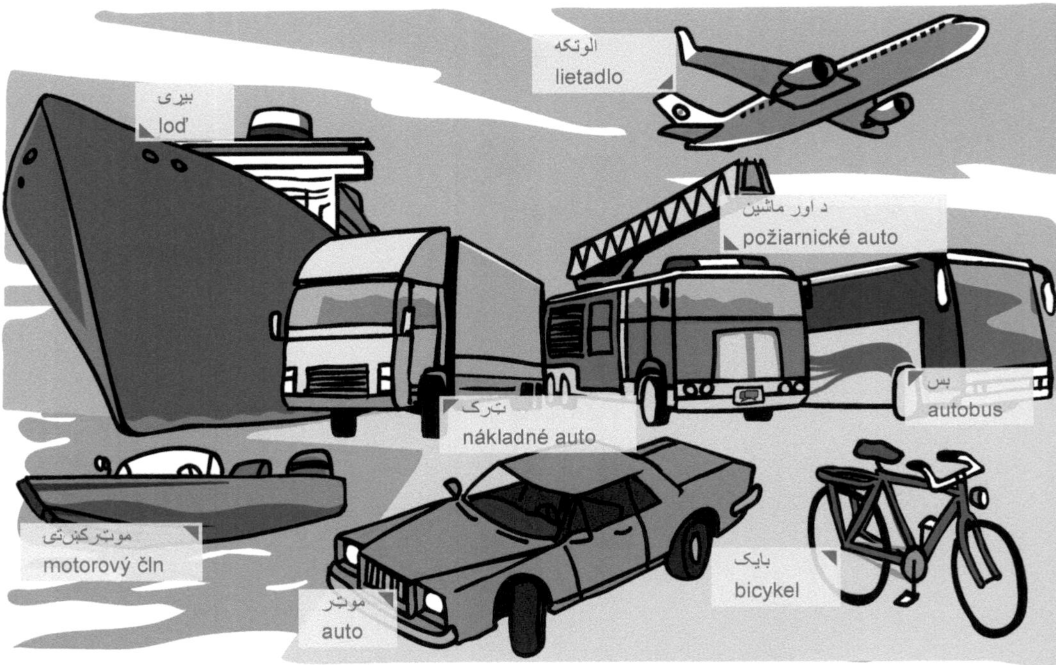

الوتکه
lietadlo
بېړۍ
loď
د اور ماشین
požiarnické auto
بس
autobus
ټرک
nákladné auto
موټرکښتۍ
motorový čln
بایک
bicykel
موټر
auto

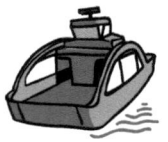

کښتۍ

trajekt

کښتۍ

loď

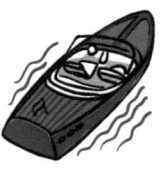

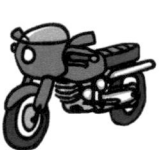

موټرسایکل

motorka

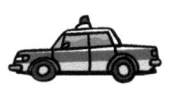

د پولیسو موټر

policajné auto

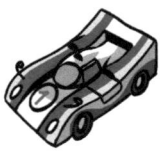

د ریس موټر

pretekárske auto

کرایې موټر

vozidlo z požičovne

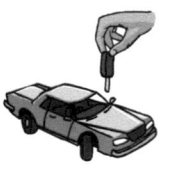

د کرایه موټرۍ

carsharing

کرکټ کی لرونکی لیفټرج

odťahové auto

کرکټ زوبیر

smetiarske auto

موټر

motor

بنزین کوټ گنوس

benzín

پټرول سټیشن

čerpacia stanica

د ترافيکي نښه

dopravná značka

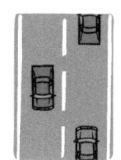

ترافیک

premávka

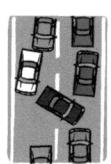

ترافیک جام

zápcha

د موټرو تمځای

parkovisko

د ریل سټیشن

vlaková stanica

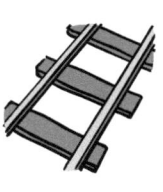

پاتتکي

trate

ریل

vlak

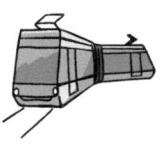

ترام

električka

واگون

vagón

چورلکه

helikoptéra

هوايي ډګر

letisko

برج

veža

مسافر

pasažier

کانتينر

kontajner

کارتون

kartón

کارت

vozík

ټوکری

kôš

الوتنه کول/کښيناستل

štartovať / pristáť

ښار

mesto

کلی

dedina

د ښار مرکز

centrum mesta

کور

dom

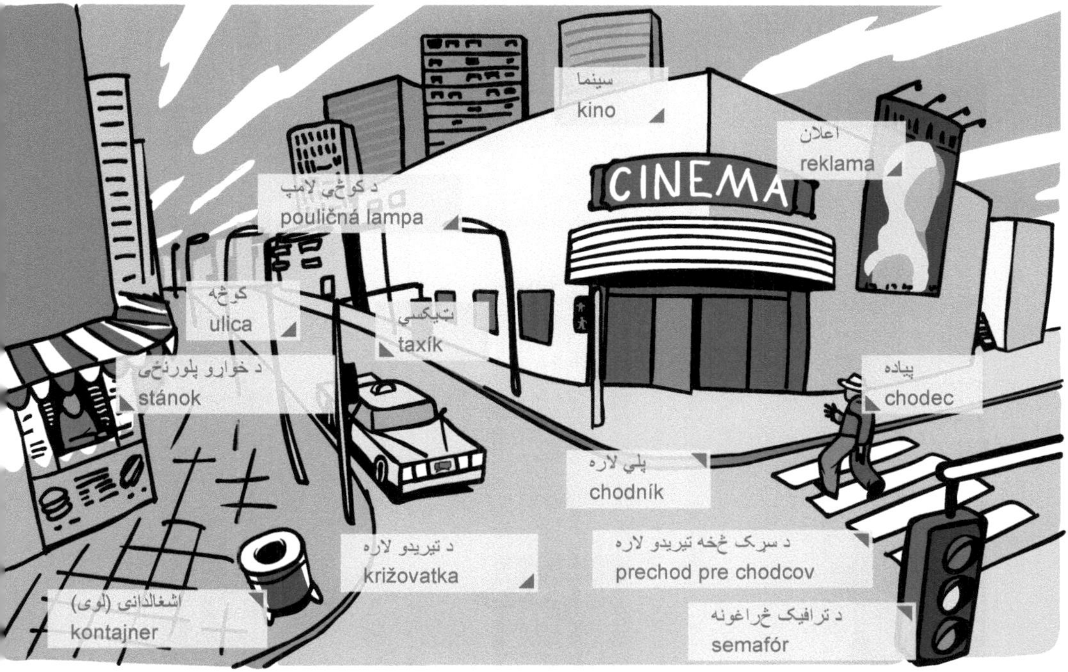
سینما
kino
اعلان
reklama
د کوڅې لامپ
pouličná lampa
CINEMA
کوڅه
ulica
ټیکسي
taxík
د خوارو پلورنځی
stánok
پیاده
chodec
پلي لاره
chodník
د تیریدو لاره
križovatka
د سړک څخه تیریدو لاره
prechod pre chodcov
اشغالدانی (لوی)
kontajner
د ترافیک څراغونه
semafór

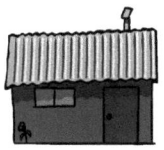

کوډله

chata

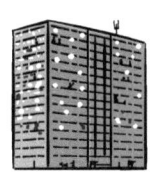

اپارتمان

byt

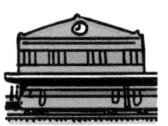

د ریل سټېشن

vlaková stanica

ټاون هال

radnica

MUSEUM

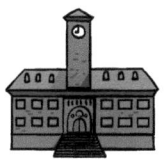

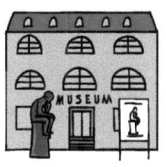

میوزیم

múzeum

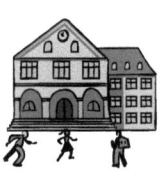

ښوونځی

škola

پوهنتون

univerzita

بانک

banka

روغتون

nemocnica

هوتل

hotel

درملتون

lekáreň

دفتر

kancelária

کتاب پلورنځی

kníhkupectvo

پلورنځی

obchod

د گلانو پلورنځی

kvetinárstvo

لوی پلورنځی

supermarket

مارکیټ

trh

د ډیپارتمنت سټور

obchodný dom

کب پلورنځی

obchodník s rybami

د پلور مرکز

nákupné stredisko

لنگرتون

prístav

پارک

park

چينۍ

lavička

پل

most

زينه

schody

د خمكي لاندی

metro

تونل

tunel

بس تمځای

autobusová zastávka

بار

bar

ريستورانټ

reštaurácia

پوست بکس

poštová schránka

د کوڅی نښه

tabuľa s názvom ulice

د پارک کولو ميټر

parkovacie hodiny

ژوبڼ

ZOO

د لامبو حوض

plaváreň

مسجد

mešita

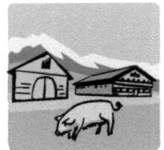

کرونده

farma

ناپاکي

znečisťovanie životného prostredia

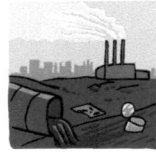

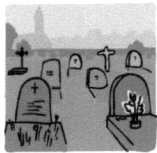

هدیره

cintorín

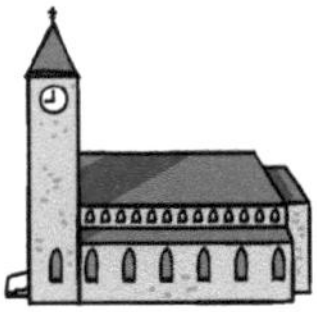

چرچ

kostol

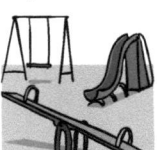

د لوبو ډګر

ihrisko

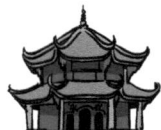

معبد/کلیسا

chrám

منظره
terén

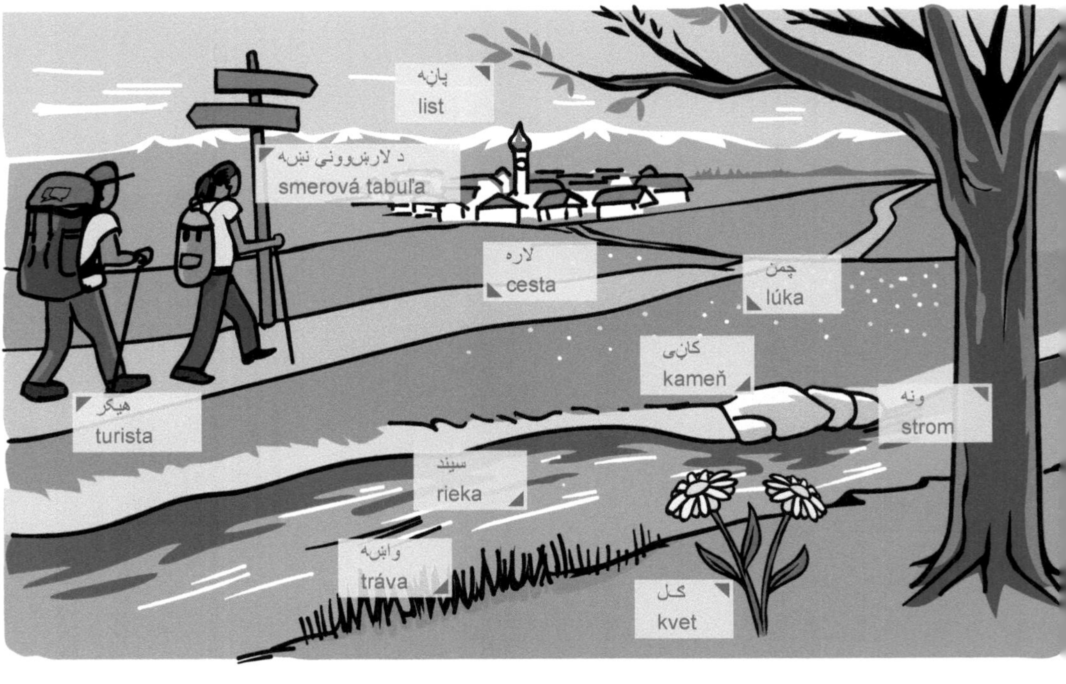

پاڼه
list
د لارښووني نښه
smerová tabuľa
لاره
cesta
چمن
lúka
کاڼی
kameň
هیکر
turista
ونه
strom
سیند
rieka
واښه
tráva
ګل
kvet

دره

dolina

غوندی

kopec

ناور

jazero

ځنګل

les

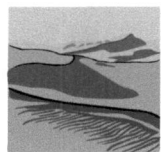

دشته

púšť

اورشیندی

vulkán

کلا

zámok

رنگین کمان

dúha

مرخیړي

hríb

پلم ونه

palma

ماشي

komár

الوتل

mucha

میږی

mravec

مچی

včela

غوندڼ/جولا

pavúk

كـونكـتِ

chrobák

چونگشـه

žaba

نولـى

veverička

زيرِكى

jež

سوى

zajac

گـونگ

sova

مرغى

vták

قازه

labuť

نرخوک

diviak

هوسـى

jeleň

گـاوزه

los

بند

hrádza

بادي توربين

veterná turbína

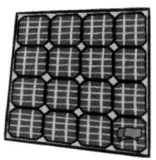

سولر تختى

solárny panel

اقليم

podnebie

ریسټورانټ

reštaurácia

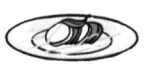

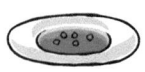

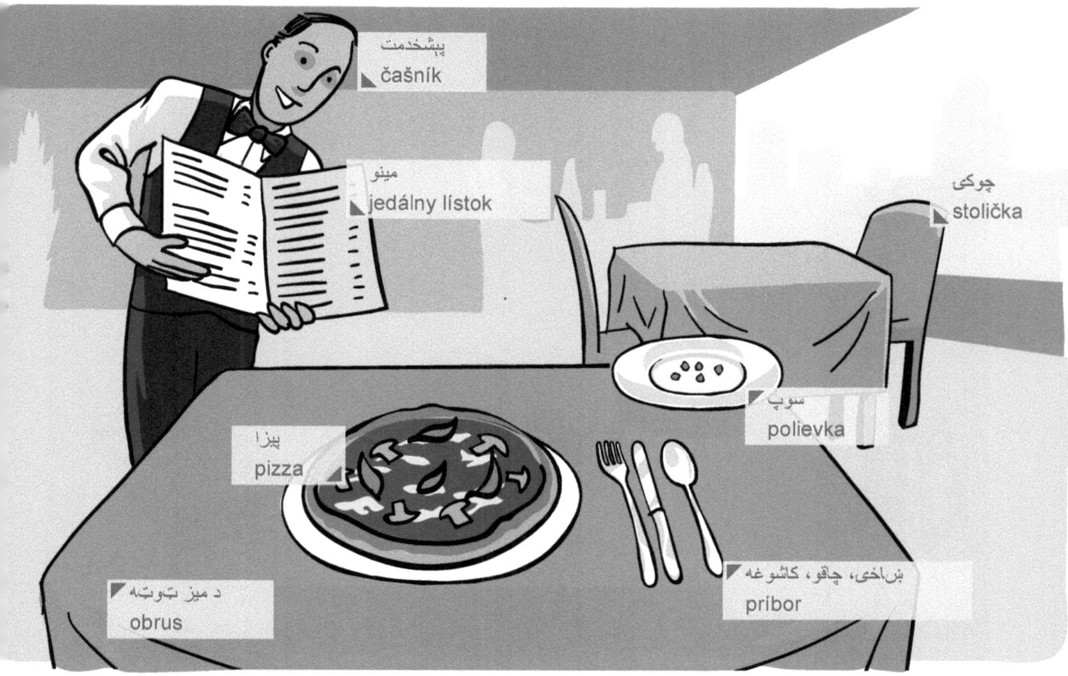

پیشخدمت
čašník
مینو
jedálny lístok
چوکی
stolička
سوپ
polievka
پیزا
pizza
د میز ټوټه
obrus
پښاخې، چاقو، کاشوغه
príbor

سټارټر

predjedlo

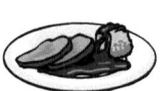

اصلي خواړه

hlavné jedlo

شیرني

zákusok

څښاک

nápoje

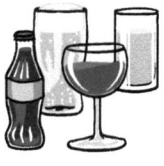

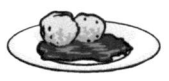

خواړه

jedlo

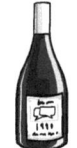

بوتل

fľaša

فاست فود

fast-food

د کوڅي خواره

street food

چای جوش

kanvica na čaj

قندانئ

cukornička

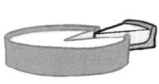

برخه

porcia

اسپرسو مشین

stroj na espresso

لوړه چوکی

detská stolička

رسید

účet

مجمه

podnos

چاکو

nôž

پنجه

vidlička

قاشق

lyžica

چای قاشق

čajová lyžička

سورویت

obrúsok

گلاس

pohár

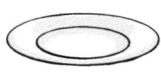

پلیټ

tanier

د سوپ پلیټ

hlboký tanier

نالبیکی

podšálka

ساس

omáčka

مالګه شیندونکی

soľnička

د مرچ کولو لوخی

mlynček na korenie

سرکه

ocot

غوري

olej

مساله

korenie

کچ اپ

kečup

مشرمش

horčica

چکه

majonéza

لوی پلورنځی

supermarket

خانگری وراندیز
špeciálna ponuka

FOR

پیرودونکی
klient

لبنیات
mliečne výrobky

میوه
ovocie

لاسي غرخ
nákupný vozík

قصابي
māsiarstvo

نانوایی
pekáreň

وزن کول
vážiť

سبزیجات
zelenina

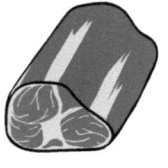

غوښه
mäso

کنګل خواره
mrazené potraviny

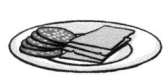

هغه شوغ يخی

نárez

هرواخه اوسرنک

konzervy

د پولونيم پودر

prací prostriedok

يني شيري

sladkosti

تدادبلوت يي نرنوك

domáce potreby

د پاكولو محصولات

čistiace prostriedky

د پلور فرد

predavačka

تردغني د يراجستر

pokladňa

صرارف

pokladník

تسيل دوريپ د

nákupný zoznam

هنونه ساعتوي يراك

otváracie hodiny

بتوه

peňaženka

كارت تبيديرك

kreditná karta

هرورخك

taška

هرورخك كيتسلاپ

plastové vrecko

اوبه

voda

سوج

džús

شیده

mlieko

کوک

kola

واین

víno

بير

pivo

الکول

alkohol

ککاو

kakao

چای

čaj

کافي

káva

اسپرسو

espresso

کپچينو

kapučíno

كيله

banán

من‌ه

jablko

جنارن

pomaranč

هندوانه

melón

ليمو

citrón

ك‌ازره

mrkva

هوربه

cesnak

بانكس

bambus

پياز

cibuľa

مرخيري

hríb

چغزى

orechy

آش

rezance

سپیګټي
špagety

وریجی
ryža

سلاد
šalát

چپس
hranolky

سره كري كچالو
pečené zemiaky

پیزا
pizza

همبرګر
hamburger

ساندویچ
obložený chlebík

كتره
rezeň

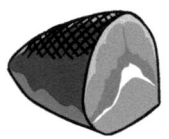

د پتون غوښه
šunka

سلمي
saláma

ساسچ
klobása

چرګ
kurča

روسټ
pečené mäso

كب
ryba

د وربشی شیرني
....
ovsené vločky

موسلي
....
müsli

د جوار پلی
....
kukuričné lupienky

اوړه
....
múka

کروسانت
....
croissant

د ډوډۍ رول
....
pečivo

ډوډۍ
....
chlieb

ټوسټ
....
hrianka

بسکیټ
....
sušienky

کوچ
....
maslo

چکه
....
tvaroh

کیک
....
koláč

هګۍ
....
vajce

پخې هګۍ
....
volské oko

پنیر
....
syr

آيس كريم
....
zmrzlina

بوره
....
cukor

شهد
....
med

مربا
....
lekvár

نوگات كريم
....
nugátová nátierka

كوركمان
....
karí korenie

کرونده

farma

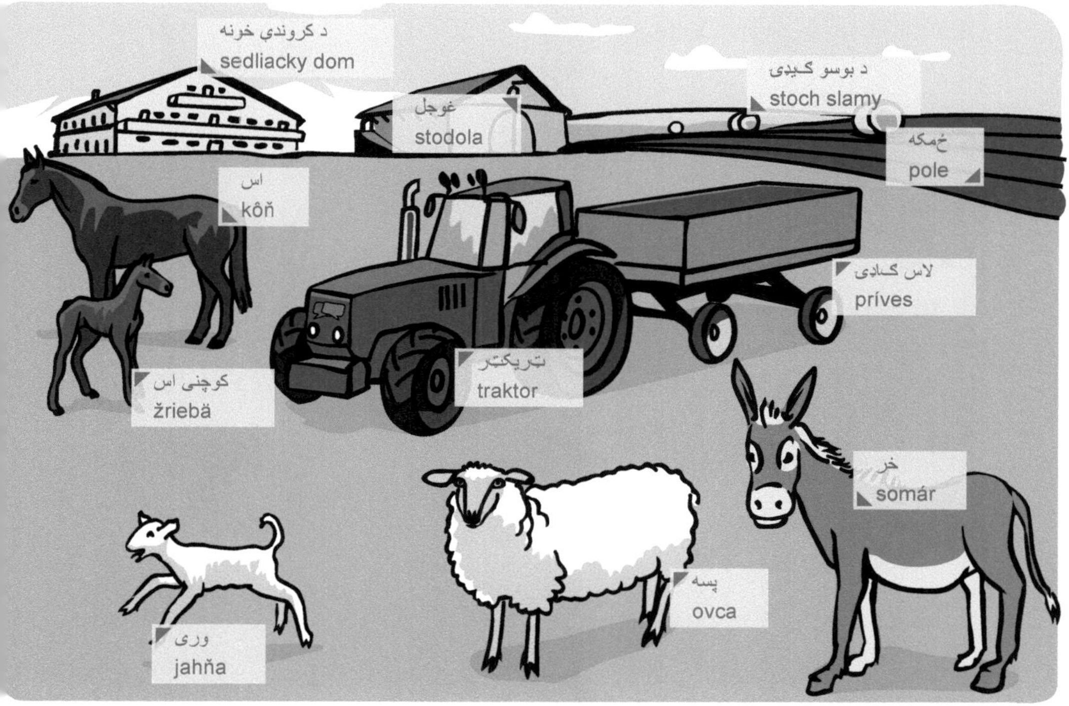

د کروندي خونه
sedliacky dom
غوجل
stodola
د بوسو کیډی
stoch slamy
ځمکه
pole
اس
kôň
لاس ګاډی
príves
کوچنی اس
žriebä
ټریکټر
traktor
خر
somár
پسه
ovca
وری
jahňa

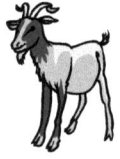

وزه

koza

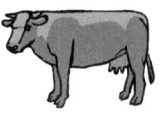

غوا

krava

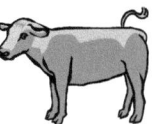

خوسکی

teľa

خوګ

prasa

د خوګ بچی

prasiatko

غویی

býk

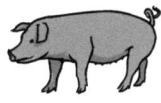

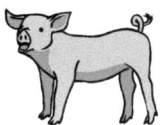

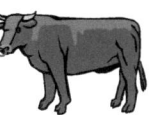

بته

hus

هيلۍ

kačica

چرګوړی

kuriatko

چرګه

sliepka

بانګۍ

kohút

ساراى موږک

potkan

پيشک

mačka

موږک

myš

غوبى

vôl

سپى

pes

د سپي خونه

psia búda

د باغ هوز

záhradná hadica

د اوبو لولخى

krhla

(داس) لور

kosa

يوى

pluh

لور

kosák

رمبى

motyka

بنباخى

vidly na hnoj

تبر

sekera

كراچى

fúrik

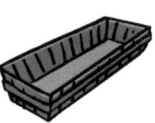

واوه

koryto

د شيدو لوخى

kanva na mlieko

جوال

vrece

كتباره

plot

مضبوط

maštaľ

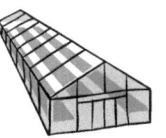

شنه خونه

skleník

خاوره

pôda

تخم

osivo

سره/كود

hnojivo

گد ريبونكى ماشين

kombajn

كروندده - farma 29

لوګ مه‌ریز

žať

درمند

žatva

خواره کچالو

batát

مغن

pšenica

ایوس

sója

کچالو

zemiak

جوار

kukurica

نباتي تخم

repka

د میوی ونه

ovocný strom

مانیوک

maniok

غله

obilie

کور

dom

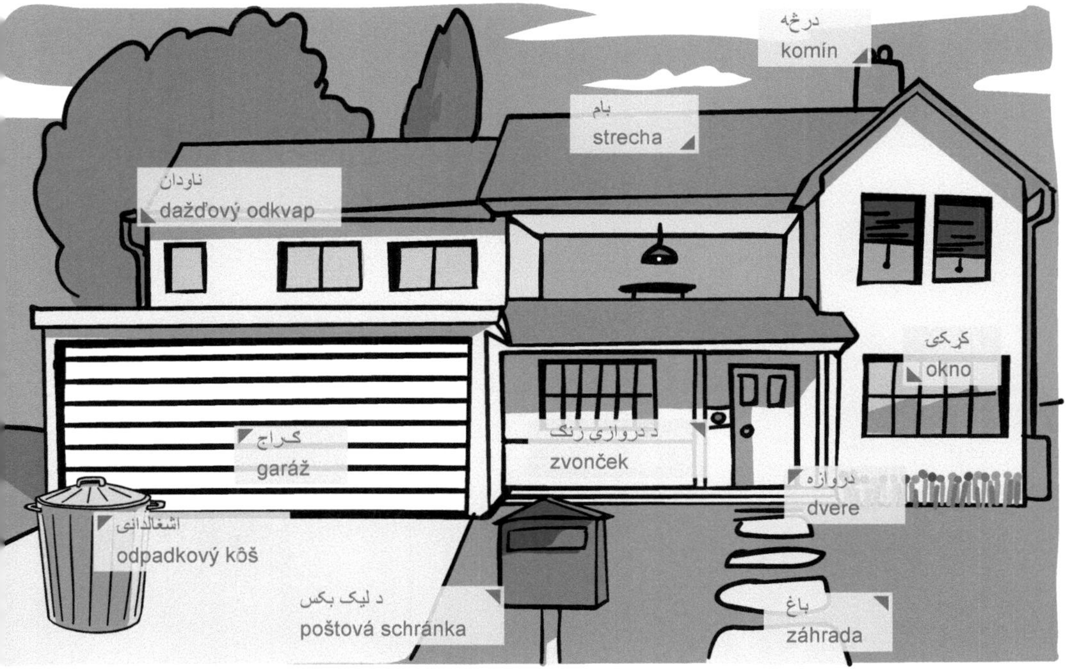

درخه
komín
بام
strecha
ناودان
dažďový odkvap
کړکۍ
okno
ګراج
garáž
د دروازې زنګ
zvonček
دروازه
dvere
اشغالدانی
odpadkový kôš
د لیک بکس
poštová schránka
باغ
záhrada

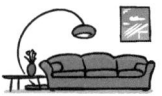

د اوسیدو خونه

....

obývačka

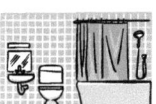

حمام

....

kúpeľňa

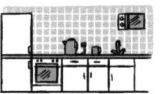

پخلنځی

....

kuchyňa

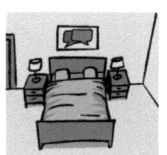

د ویده کیدو خونه

....

spálňa

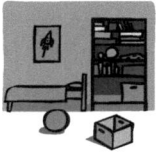

د ماشوم خونه

....

detská izba

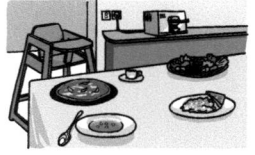

د خوارو خونه

....

jedáleň

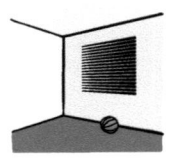

فرش
....
podlaha

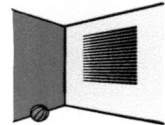

لادیو
....
stena

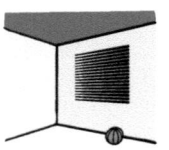

چت
....
strop

زیرخانه
....
pivnica

سونا
....
sauna

بالکونی
....
balkón

ساراس
....
terasa

حوض
....
bazén

د چمن وهلو ماشین
....
kosačka

شیت
....
obliečka

روجایی
....
posteľná prikrývka

تخت
....
posteľ

جارو
....
metla

کهبو
....
vedro

سویچ
....
vypínač

د اوسيدو خونه

obývačka

واليپير
tapeta
عکس
obraz
لامپ
lampa
شيلف
regál
الماری
skriňa
تلويزيون
televízor
نغری
kozub
ګل
kvet
بالښت
vankúš
صوفه
pohovka
ګلدانی
váza
ريموټ کنټرول
diaľkové ovládanie

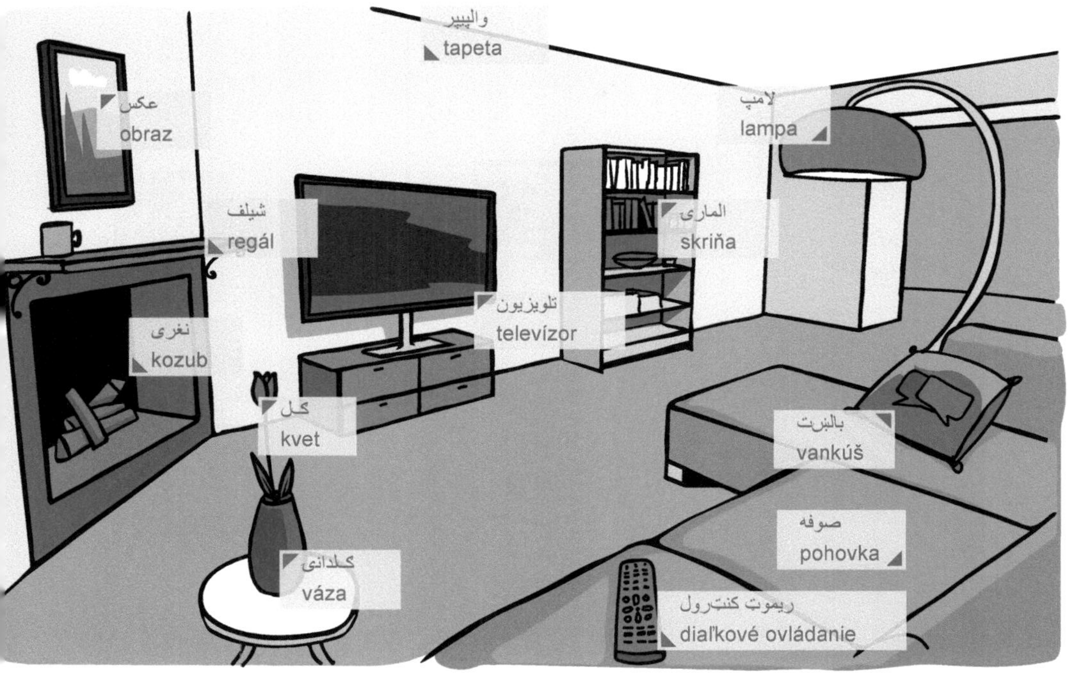

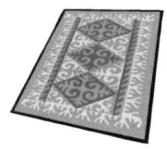

غالی

....

koberec

پرده

....

záclona

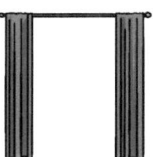

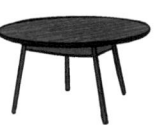

ميز

....

stôl

چوکی

....

stolička

تاويدونکي چوکی

....

hojdacie kreslo

بازو لرونکی چوکی

....

kreslo

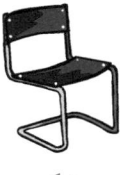

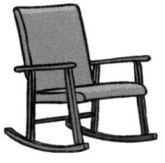

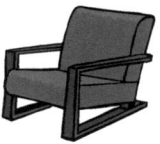

كتاب
....
kniha

كمپل
....
prikrývka

ديكوريشن
....
dekorácia

د اور لركـي
....
drevo na kúrenie

فلم
....
film

هايفاى
....
hi-fi veža

كلي
....
kľúč

ورځپانه
....
noviny

نقاشي
....
maľba

پوستر
....
plagát

راديو
....
rádio

كتابچه
....
zápisník

واكيوم جارو
....
vysávač

كاكتوس
....
kaktus

شمع
....
sviečka

پخلنځی
kuchyňa

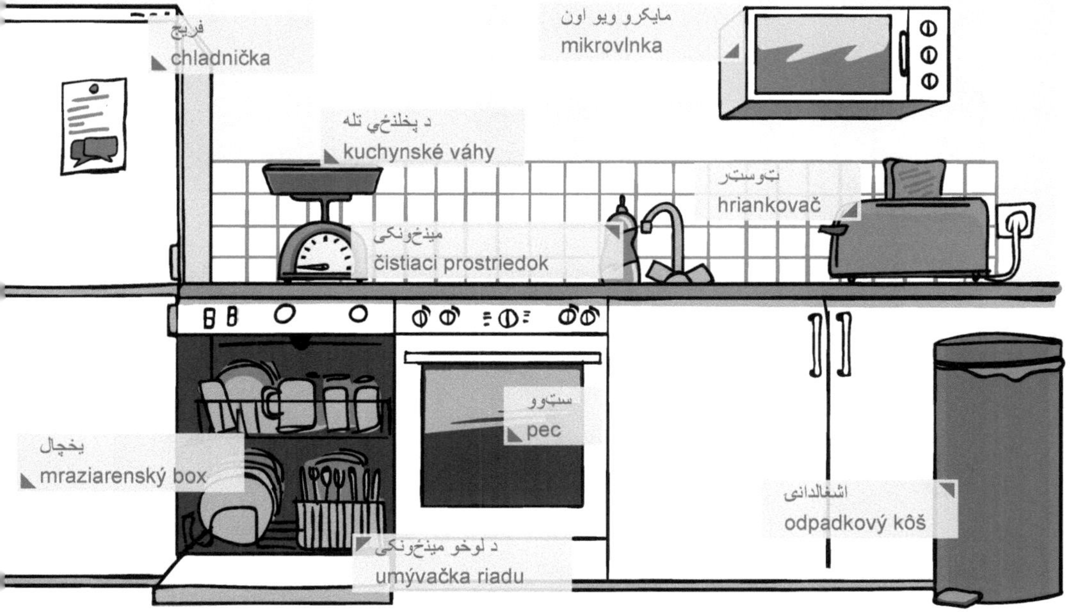
فریج
chladnička
مایکرو ویو اون
mikrovlnka
د پخلنځي تله
kuchynské váhy
ټوستر
hriankovač
مینځونکی
čistiaci prostriedok
سټوو
pec
یخچال
mraziarenský box
اشغالدانی
odpadkový kôš
د لوخو مینځونکی
umývačka riadu

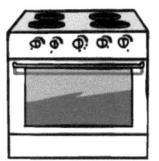

دیګ بخار

sporák

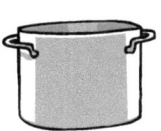

لوخی

hrniec

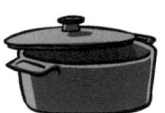

چدني لوخی

železný hrniec

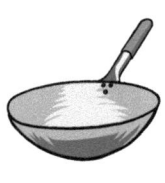

ووک

wok / kadai

د تلي په

panvica

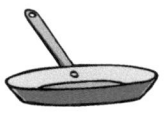

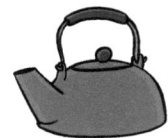

چای جوش

rýchlovarná kanvica

د بخار دیگ

parný hrniec

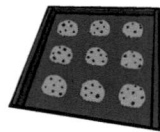

پتنوس

plech na pečenie

لوخي

riad

مگ

pohár

کاسه

misa

د رانیولو اوزار

paličky

څمڅۍ

naberačka na polievku

کفگیر

stierka

پاکونکۍ

metlička

صافي

cedidlo

غلبیل

sitko

کریتر

strúhadlo

اونگ

mažiar

بار بي کیو

gril

خلاص اور

ohnisko

تخته

doska na krájanie

هوارونکی

valček na cesto

کارک سکریو

vývrtka

بټيم

konzerva

د بټيم خلاصونکی

otvárač na konzervy

د لوخي بټوبتّه

chňapka

ظرف شوی

výlevka

برس

kefa

سپنج

hubka

بلیندر

mixér

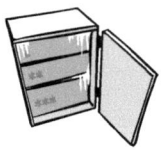

ژور يخچال

mraznička

د ماشوم بوتل

kojenecká fľaša

نل

vodovodný kohútik

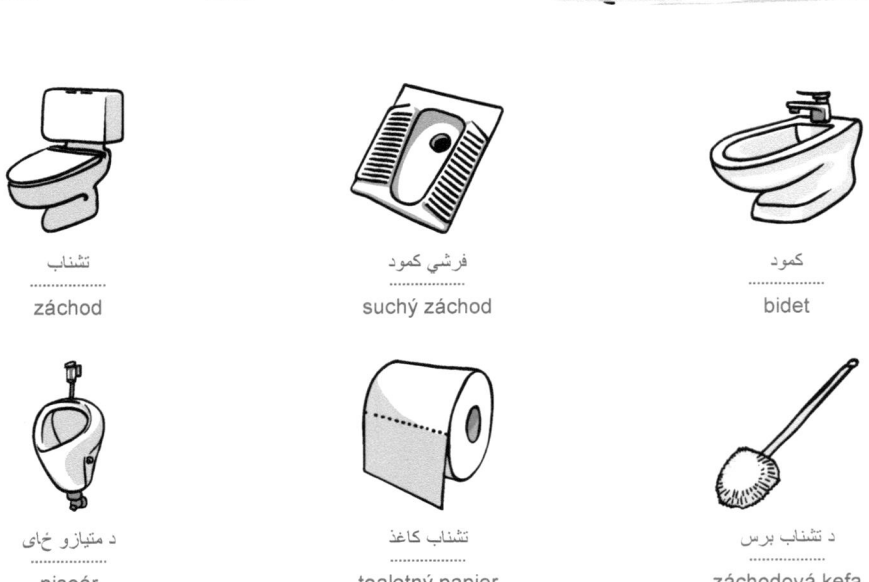

حمام

kúpeľňa

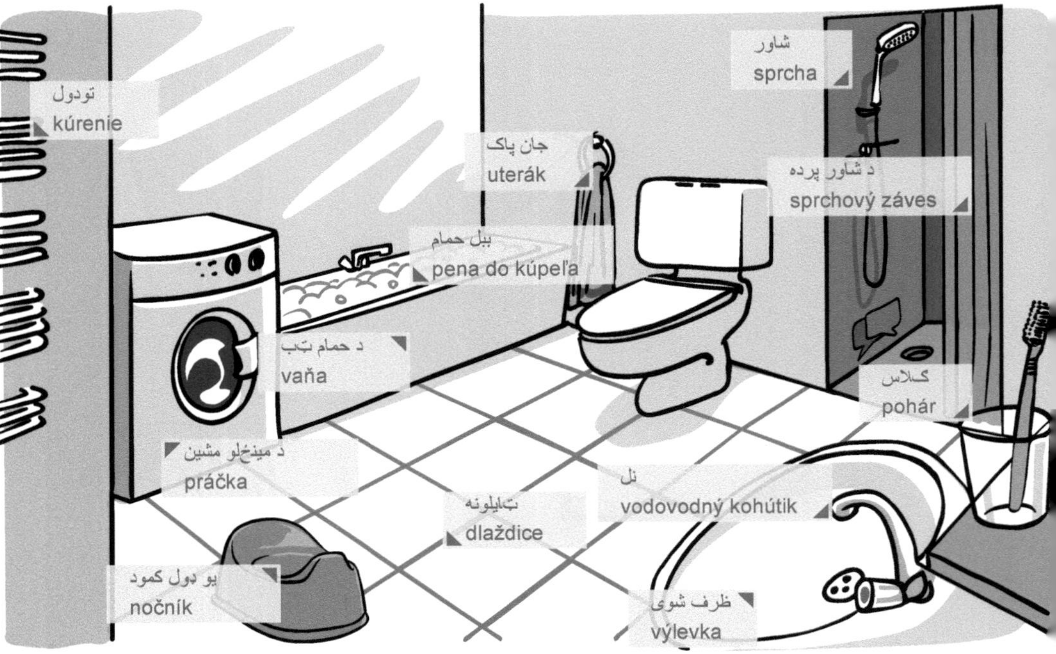

تودول
kúrenie
جان پاک
uterák
شاور
sprcha
د شاور پرده
sprchový záves
ببل حمام
pena do kúpeľa
د حمام ټب
vaňa
د مینځلو مشین
práčka
ګلاس
pohár
نل
vodovodný kohútik
ټایلونه
dlaždice
یو ډول کمود
nočník
ظرف شوی
výlevka

تشناب

záchod

فرشي کمود

suchý záchod

کمود

bidet

د متیازو ځای

pisoár

تشناب کاغذ

toaletný papier

د تشناب برس

záchodová kefa

د غاښونو برس

zubná kefka

د غاښونو کریم

zubná pasta

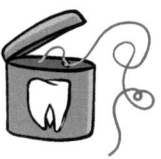

د غاښونو نخ

dentálna niť

لمینځل

umývať

شاور يسلا

ručná sprcha

شوډ

sprcha pre intímnu hygienu

کانخ

umývadlo

د شا برس

kefa na chrbát

صابون

mydlo

د شاور ژل

sprchový gél

شامپو

šampón

فلانل جامه

frotírová rukavica

وچول

odtok

کریم

krém

سپری

dezodorant

أينه
....
zrkadlo

لاسي آينه
....
kozmetické zrkadlo

ريزر
....
žiletka

د خريلو فوم
....
pena na holenie

د خريلو وروسته
....
voda po holení

كمذخ
....
hrebeň

برس
....
kefa

د ويښتانو وچونکی
....
sušič vlasov

د ويښتانو سپری
....
sprej na vlasy

ميک اپ
....
make-up

لیپ ستیک
....
rúž

د نوکانو پالش
....
lak na nechty

كاتن ورى
....
vata

ناخن کیر
....
nožnice na nechty

عطر
....
parfum

د مينځلو کڅوړه

kozmetická taška

سټول

stolček

د وزن کولو تله

váha

د حمام پوښاک

kúpací plášť

د ربر دستکش

gumové rukavice

تامپون

tampón

صحیی جان پاک

menštruačná vložka

کیمیکل تشناب

chemické WC

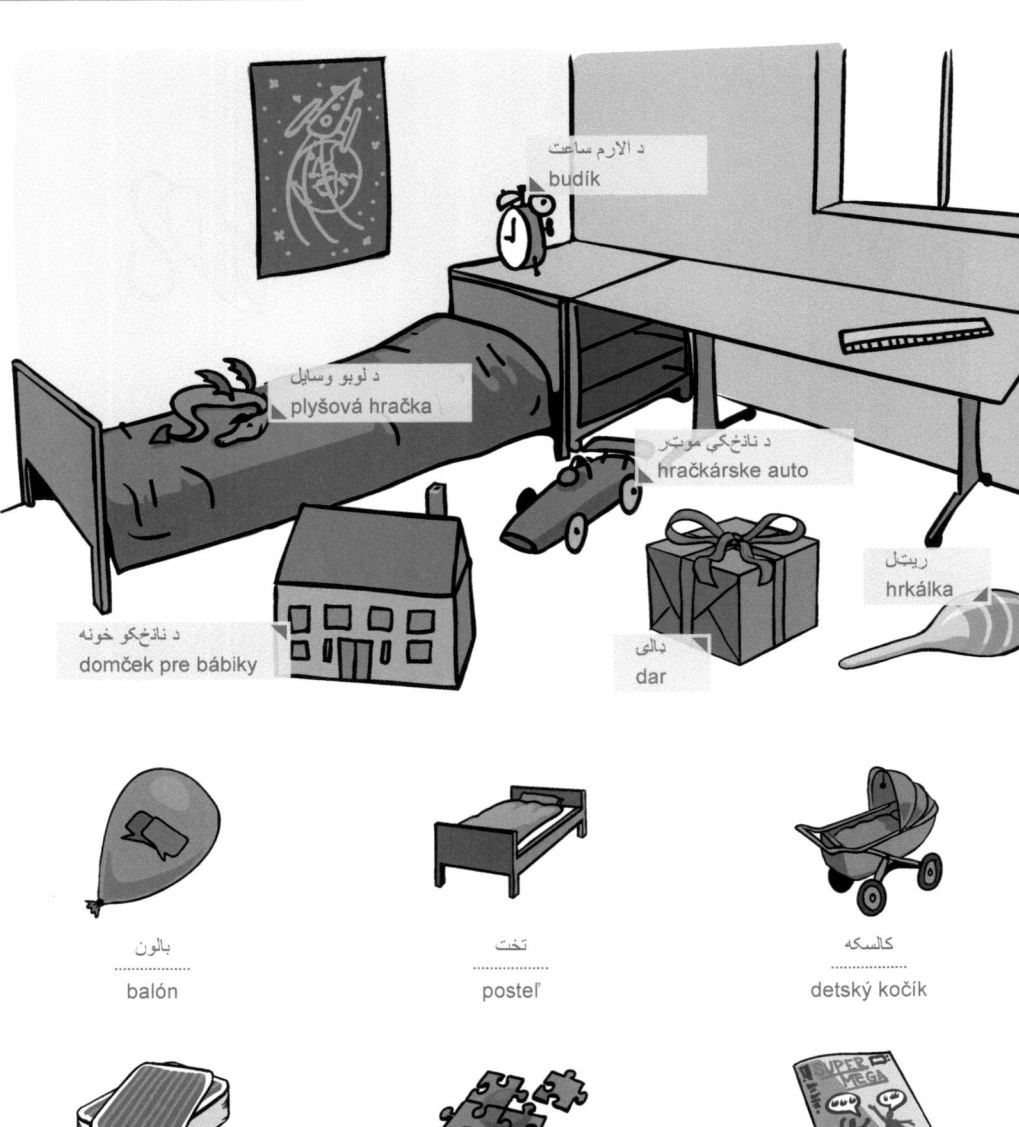

د الارم ساعت
budík

د لوبو وسایل
plyšová hračka

د ناڅوکي موټر
hračkárske auto

ریتل
hrkálka

د ناڅوکو خونه
domček pre bábiky

بالی
dar

بالون
balón

تخت
posteľ

کالسکه
detský kočík

د لوبو ورقي
karty

جیگسا
puzzle

مسخره
komix

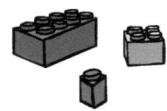

لیگو بریک

skladačka lego

د ناڅخکو بلاک

stavebnica

د اکشن فیګور

akčná postavička

د ماشوم پوښاک

dupačky

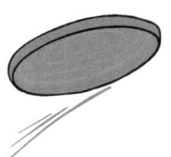

فریزبي

lietajúci tanier

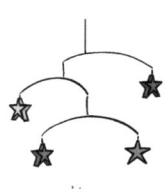

موبایل

závesné hračky

بورډ لوبه

stolová hra

تاس

kocka

مادل ریل سیټ

modelový vláčik

ګونګشی

cumlík

پارټي

párty

د عکسونو البوم

obrázková kniha

بال

lopta

ناڅخکه

bábika

لوبیدل

hrať sa

د شکو کنده

pieskovisko

سوينگ

hojdačka

ناڅوکي

hračky

د ويډيو لوبو کنسول

hracia konzola

نترای سايکل

trojkolka

ګوډبکه

medvedík

د کالو الماری

šatník

جرابي

ponožky

لوري جرابي

pančuchy

نتايتس

pančuchové nohavičky

زروکی
šál

چتری
dáždnik

بتی شرت
tričko

کمربند
opasok

بوتیان
čižmy

سلیپر
papuče

سنیکر
tenisky

سیندل
sandále

بوتیان
topánky

د ربر بوتیان
gumáky

زیرنیکري
spodky

سینه بند
podprsenka

واسکټ
tielko

بادي
body

پتلون
nohavice

جينز
džínsy

لمن
sukňa

بلاوز
blúzka

ثرت
košeľa

بنيان
pulóver

سويتر
sveter

بليزر
blejzer

جاكت
bunda

كوت
kabát

د باران كوت
pršiplášť

پوښاک
kostým

كالي
šaty

د واده پوښاک
svadobné šaty

دريشي

oblek

د شپې پوښاک

nočná košeľa

پاجامه

pyžamo

ساري

sari

لوپټه

šatka na hlavu

پټکی

turban

برقه

burka

کفتن

kaftan

عبا

abaja

د لامبو پوښاک

dvojdielne plavky

نیکر

plavky

ثارټ

šortky

د خغاستي پوښاک

tepláková súprava

پیش بند

zástera

دستکش

rukavice

پوښاک - šatstvo

نتّب

gombík

عینک

okuliare

لاس بند

náramok

کی ہارغ

retiazka

همتوگ

prsteň

غوږوالۍ

náušnica

خولۍ

čiapka

کوټ بند

vešiak

خولۍ

klobúk

ټایۍ

kravata

زنځیر

zips

هيلمېټ

prilba

ترونکی

traky

د ښوونځي يونيفارم

školská uniforma

يونيفارم

uniforma

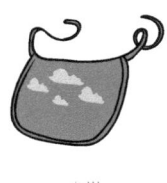

بیب

podbradník

ګونګشی

cumlík

نیپي

plienka

دفتر
kancelária

سرور
server
د دوسیه الماری
skriňa na spisy
پرینټر
tlačiareň
ورق
papier
مانیټور
monitor
ماوس
myš
دیسک
písací stôl
فولډر
zakladač
کي بورډ
klávesnica
اشغالدانی
kôš na papier
کمپیوټر
počítač
چوکی
stolička

د کافي پیاله

hrnček na kávu

کالکولیټر

kalkulačka

انټرنیټ

internet

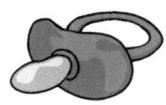

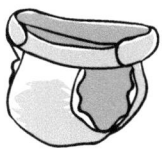

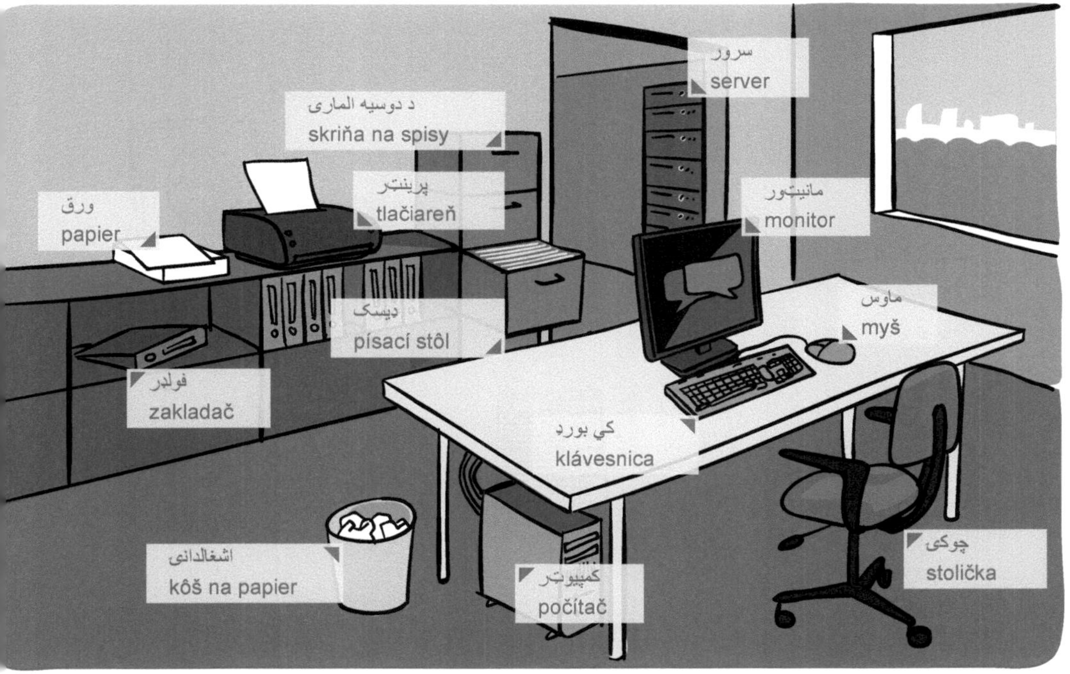

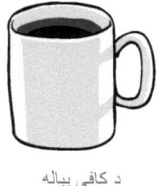

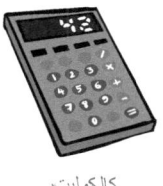

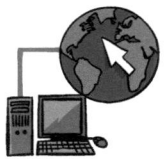

پاپ تاپ

laptop

کلیک

list

پیغام

správa

موبایل

mobil

کرۍټین

sieť

فوتوکاپیر

kopírka

سافتویر

softvér

تلیفون

telefón

پلک ساکټ

elektrická zásuvka

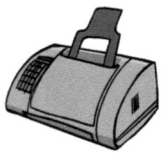

فکس مشین

fax

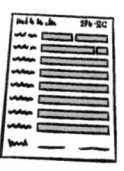

فارم

formulár

سند

doklad

لرپی

kúpiť

لوک هیداتا

platiť

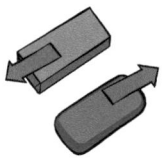

لوک يركادوس

obchodovať

پیسی

peniaze

رلاد

dolár

وورو

euro

ین

jen

لبر

rubeľ

کنارف يسيوس

švajčiarsky frank

ناوی يبنیمینر

čínsky jüan

یپور

rupia

یاځ وسیپ يدغن د

bankomat

د اسعارو د تبادلی دفتر

zmenáreň

سره زر

zlato

سپین زر

striebro

تیل

ropa

انرژي

energia

نرخ

cena

قرارداد

zmluva

مالیه

daň

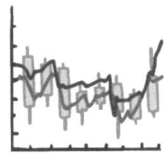

اسهام

akcia

کار کول

pracovať

کارمند

zamestnanec

کار ګومارونکی

zamestnávateľ

فابریکه

továreň

پلورنځی

obchod

مسلکونه
povolania

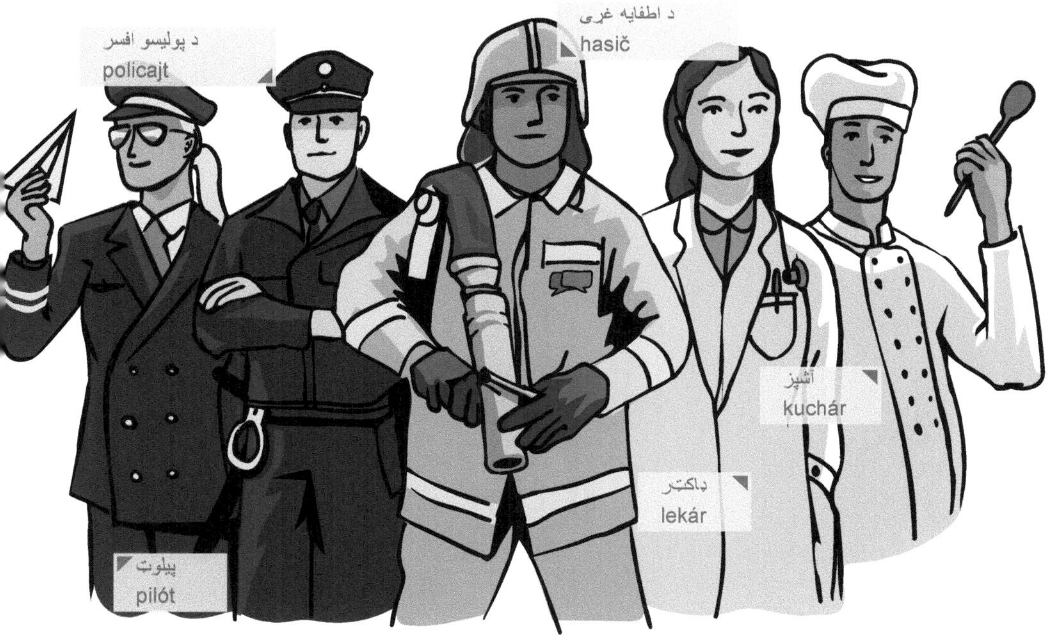
د پولیسو افسر
policajt
د اطفایه غړی
hasič
آشپز
kuchár
ډاکټر
lekár
پیلوټ
pilót

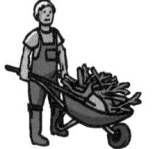

باغوان
záhradník

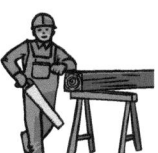

نجار
stolár

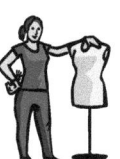

خیاط
krajčírka

قاضي
sudca

کیمیا پوه
chemik

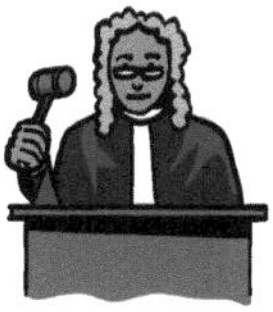

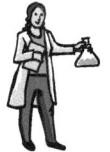

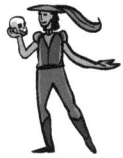

د فلم لوبغاړی
herec

د بس ډرايور
vodič autobusu

د ټيکسي ډرايور
taxikár

کب نيونکی
rybár

خدمه
upratovačka

بام جوړونکی
pokrývač

پيشخدمت
čašník

ښکاري
poľovník

نقاش
maliar

نانوا
pekár

د بريښنا کارکونکی
elektrikár

تعمير جوړونکی
stavebný robotník

انجنير
inžinier

قصاب
mäsiar

نلدوان
klampiar

پوست رسونکی
poštár

سرتېری

vojak

مهندس

architekt

صراف

pokladník

مالیار

kvetinár

نایی

kaderník

کلیندر

sprievodca

میکانیک

mechanik

کپتان

kapitán

د غاښونو ډاکتر

zubár

ساینس پوه

vedec

یښاغلی

rabín

امام

imám

مذهبي نفر

mních

پادري

farár

لوازم
náradie

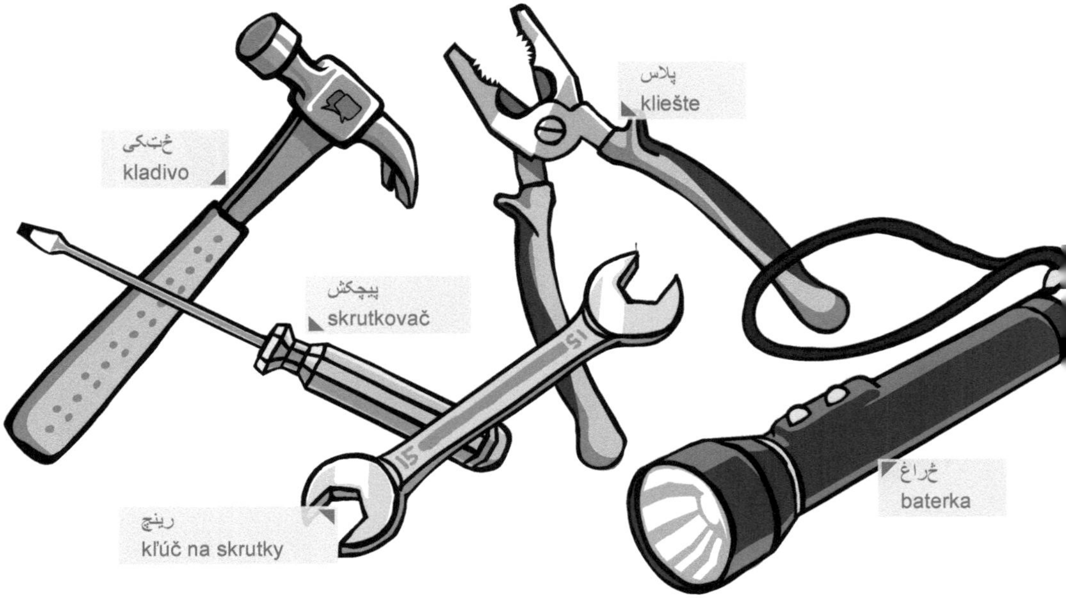
څټکی
kladivo
پلاس
kliešte
پیچکش
skrutkovač
رینچ
kľúč na skrutky
څراغ
baterka

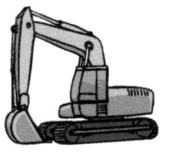

کنستونکی

bager

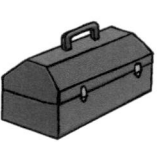

د لوازمو بکس

súprava náradia

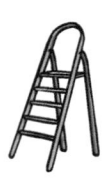

زینه

rebrík

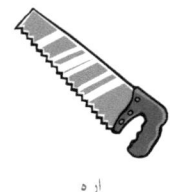

اره

pílka

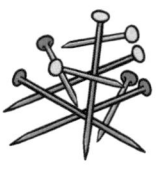

میخونه

klince

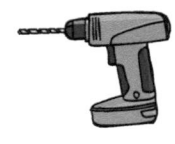

برمه

vrták

ترمیم کول

opraviť

بیل

lopata

لعنت!

Do čerta!

خاک انداز

lopatka na smeti

مشوانی

nádoba s farbou

پیچونه

skrutky

د میوزیک آلات

hudobné nástroje

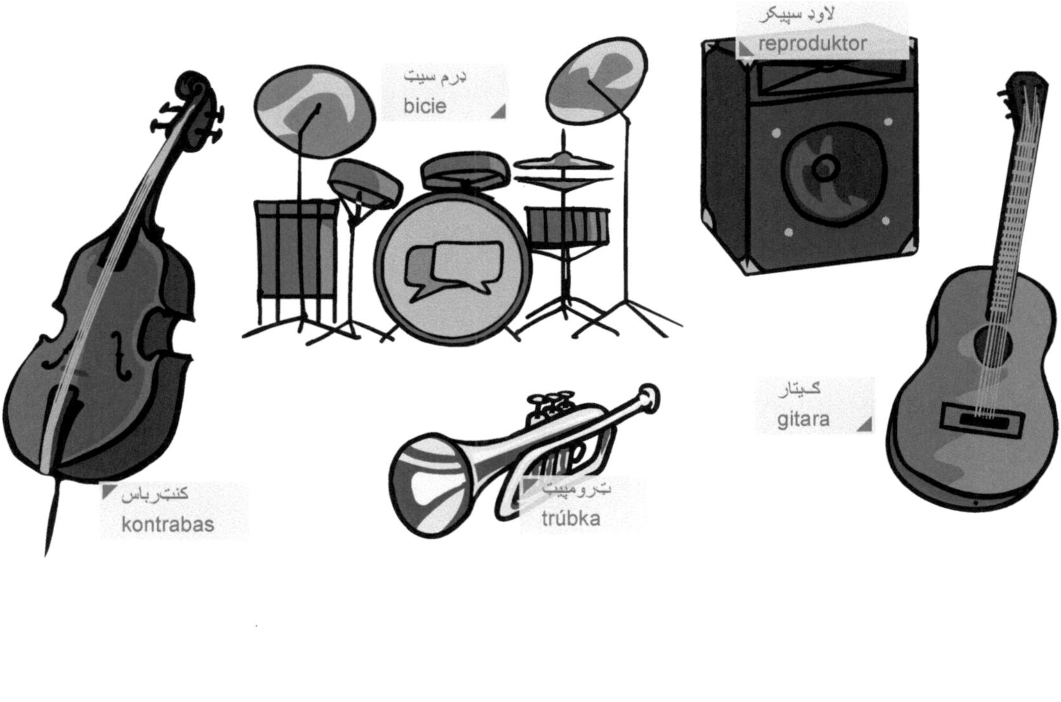

لاود سپیکر
reproduktor

درم سیټ
bicie

کیتار
gitara

کنترباس
kontrabas

ترومپیټ
trúbka

پیانو

klavír

وایلن

husle

باس

basa

نغاره

tympany

ډرمونه

bubon

کي بورډ

klávesnica

سیکسافون

saxofón

شپیلۍ

flauta

مایکروفون

mikrofón

ژوبڼ
ZOO

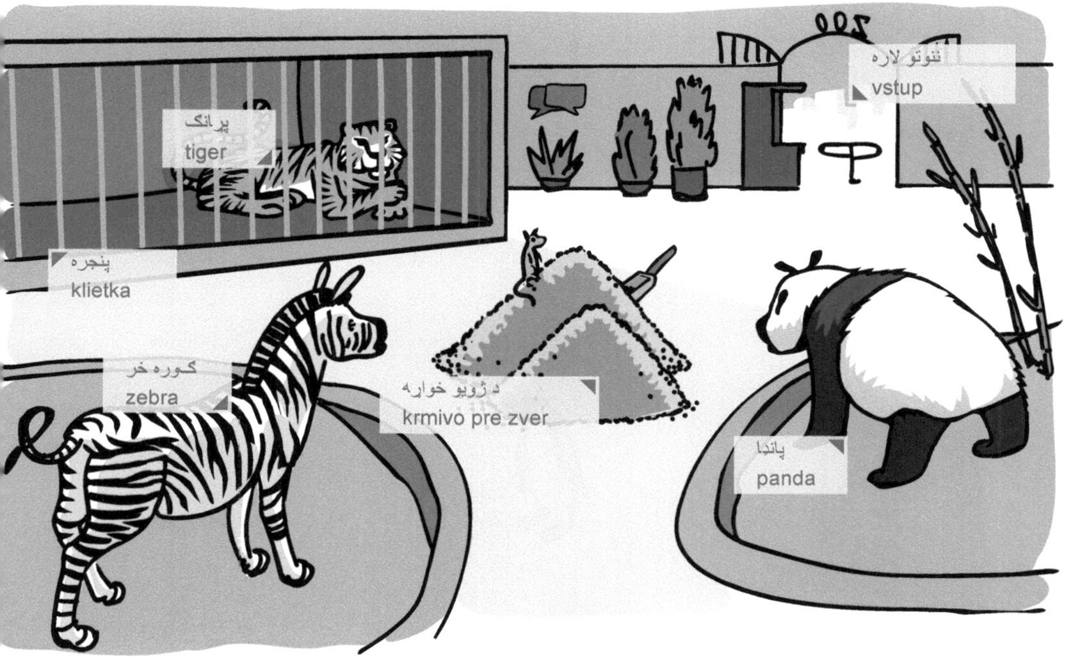

ننوتو لاره
vstup
پړانګ
tiger
پنجره
klietka
ګوره خر
zebra
د ژویو خواړه
krmivo pre zver
پانډا
panda

ژوی
zvieratá

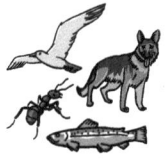

هاتي
slon

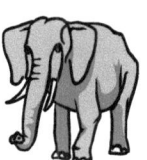

کنګرو
klokan

د اوبو اسپ
nosorožec

ګوریلا
gorila

ایږه
medveď

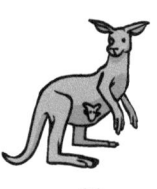

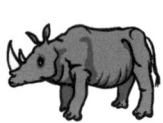

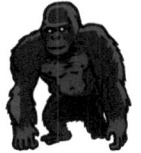

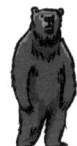

اوښ

ťava

شترمرغ

pštros

زمری

lev

بيزو

opica

غزی

plameniak

طوطي

papagáj

قطبي ايره

ľadový medveď

پينگوين

tučniak

شارک

žralok

طاوس

páv

مار

had

تمساح

krokodíl

ژوبن ساتونکی

ošetrovateľ v ZOO

سيل

tuleň

جګوار

jaguár

يابو

poník

پرانگ

leopard

هيپو

hroch

زرافه

žirafa

باز

orol

نرخوک

diviak

کب

ryba

شمشتی

korytnačka

سمندري نولی

mrož

گيدره

líška

هوسی

gazela

امریکایی فټبال
americký futbal

سایکل چلغلول
cyklistika

تینس
tenis

باسکیټبال
basketbal

لامبو
plávanie

باکسینگ
box

د کنکل هاکي
hokej

فټبال
....
futbal

کسیزه
....
bedminton

د ځغاستي لوبي
....
ľahká atletika

د هندبال
....
hádzaná

سکي
....
lyžovanie

پولو
....
pólo

خندل
smiať sa

توپ وهل
skočiť

غاړه ورکول
objať

کرځیدل
chodiť

سندرۍ ویل
spievať

خوب لیدل
snívať

عبادت کول
modliť sa

مچو کول
pobozkať

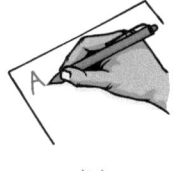

لیکل
písať

کښل
kresliť

ښودل
ukázať

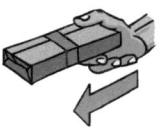

تېله کول
tlačiť

ورکول
dať

اخیستل
brať

درلودل

mať

كول

robiť

پاييدل

byť

ودريدل

stáť

منډي وهل

bežať

راكښل

ťahať

كوزارل

hádzať

لويدل

padnúť

څملاستل

ležať

انتظار كول

čakať

ورل

nosiť

كښيناستل

sedieť

پوښاك اغوستل

obliecť sa

ويده كيدل

spať

پاڅيدل

zobudiť sa

كتل

pozerať

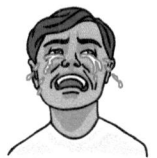

ژړل

plakať

بريد کول

hladkať

ګمنځ کول

česať

خبرې کول

hovoriť

پوهيدل

rozumieť

پوښتنه

pýtať sa

اوريدل

počuť

څښل

piť

خوړل

jesť

پاکول

upratať

مينه کول

milovať

پخلی کول

variť

موټر چلول

jazdiť

الوتل

letieť

بیری چلول

plachtiť

حساب

počítať

لوستل

čítať

زده کول

učiť sa

کار کول

pracovať

واده کول

oženiť

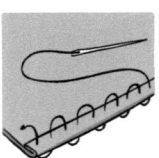

ګنډل

šiť

د غاښونو برس کول

čistiť zuby

وژل

zabiť

سګرټ څکول

fajčiť

لیرل

poslať

نیا
stará mama

نیکه
starý otec

پلار
otec

مور
mama

ماشوم
bábo

لور
dcéra

زوی
syn

میلمه
....
hosť

ترور
....
teta

کاکا/ماما
....
strýko

ورور
....
brat

خور
....
sestra

تندی
čelo

سترګی
oko

مخ
tvár

زنه
brada

سينه
hruď

اوږه
plece

کوته
prst

لاس
ruka

متا
rameno

پښه
noha

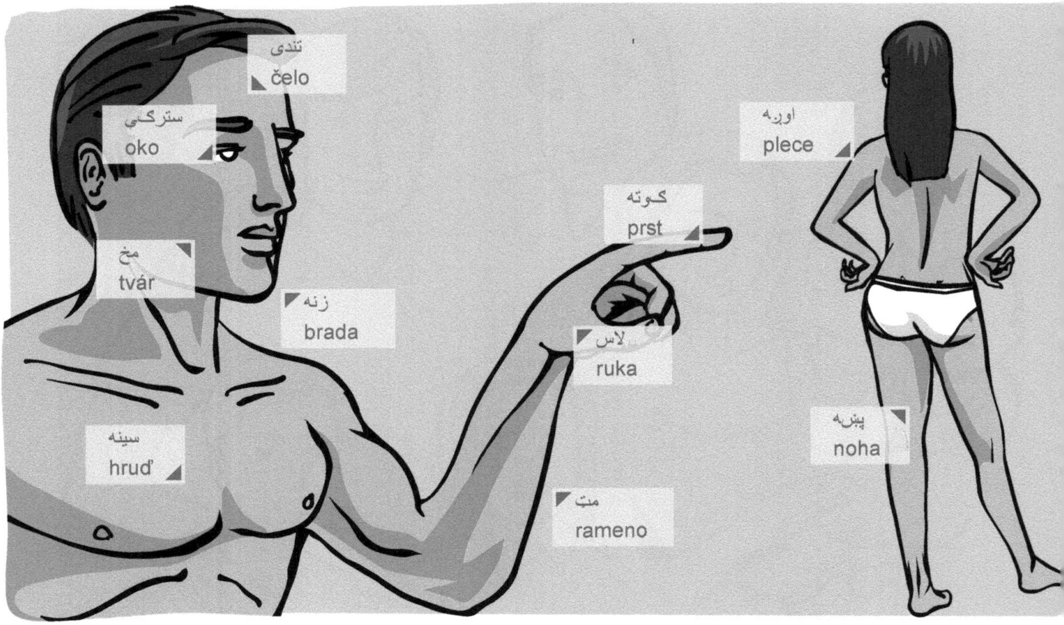

ماشوم
bábo

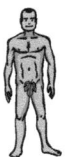

سری
muž

ښڅه
žena

انجلی
dievča

هلک
chlapec

سر
hlava

شا
....
chrbát

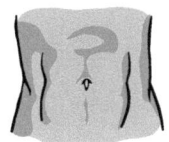

خيټه
....
brucho

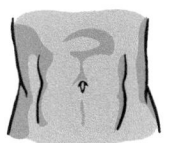

نوم
....
pupok

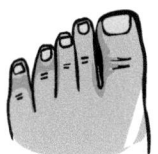

د پښی گوته
....
prst na nohe

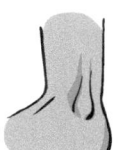

پونده
....
päta

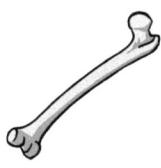

هډوکی
....
kosť

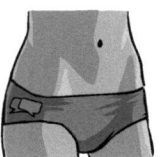

کوناټی
....
bok

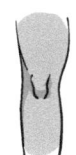

زنگون
....
koleno

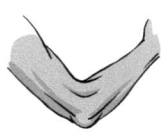

څنگل
....
lakeť

پوزه
....
nos

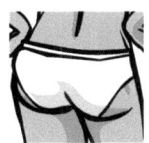

لاندی برخه
....
zadok

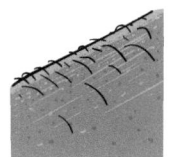

پوټکی
....
koža

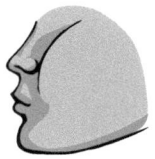

غومبوری
....
líce

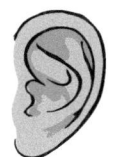

غوږ
....
ucho

شونډه
....
pery

بدن - telo   69

خوله

ústa

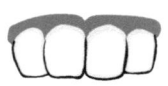

غاښ

zub

ژبه

jazyk

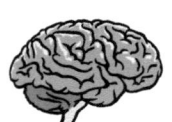

مغز

mozog

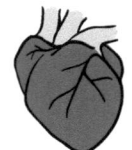

زړه

srdce

عضله

svaly

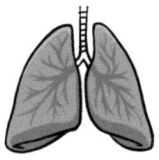

سږدی

pľúca

خيکر

pečeň

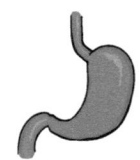

معده

žalúdok

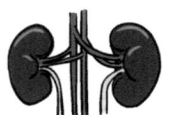

پښتورگي

obličky

جنسي نژدی والی

pohlavný styk

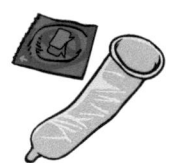

کاندوم

kondóm

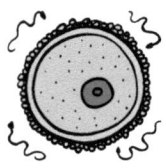

تخمه

vaječná bunka

مني

semeno

حمل

tehotenstvo

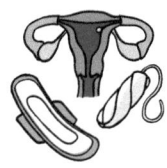

حیض

menštruácia

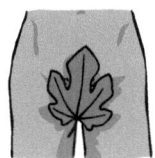

مهبل

vagína

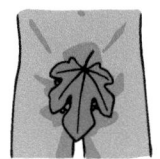

د نارينه تناسلي آله

penis

وروځی

obočie

ویښته

vlasy

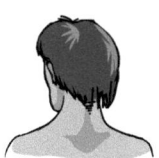

غاړه

krk

روغتون
nemocnica

روغتون
nemocnica
امبولانس
sanitka
ویل چیر
invalidný vozík
کسر
zlomenina

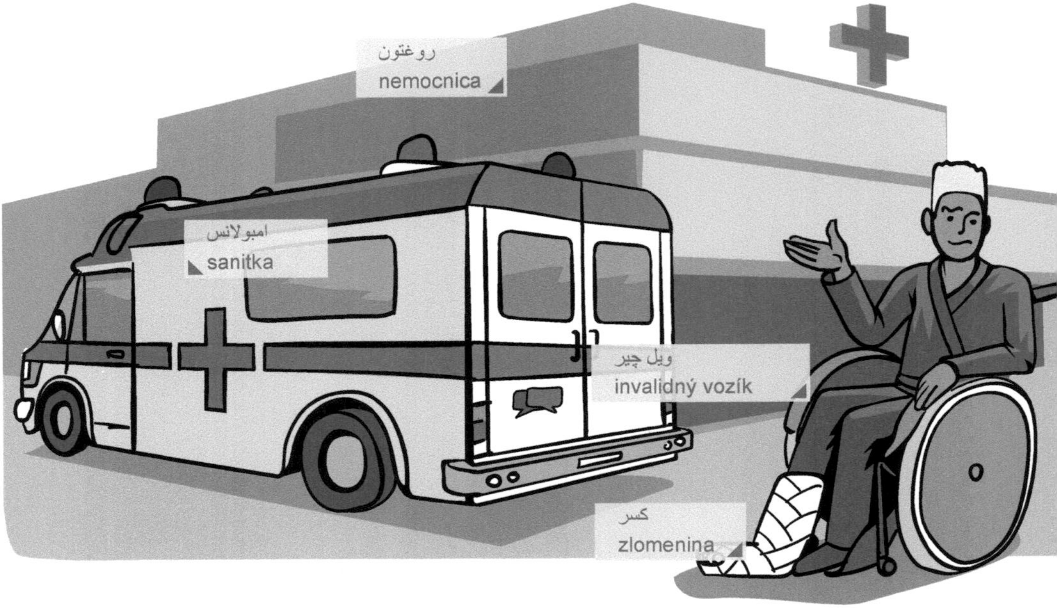

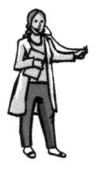

ډاکټر

lekár

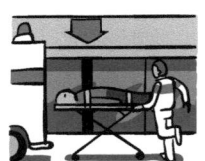

عاجل خونه

urgentný príjem

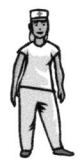

رنځورپال

sestrička

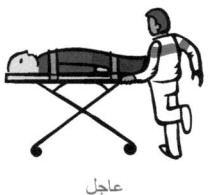

عاجل

urgentný prípad

بې هوش

v bezvedomí

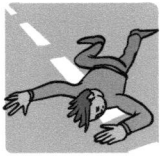

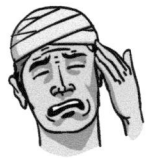

درد

bolesť

پټّ

zranenie

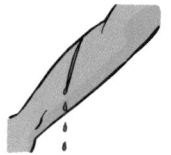

لدیوت هنیو

krvácanie

د زره حمله

srdcový infarkt

برض

mozgová porážka

تیسااسح

alergia

یخوّب

kašeľ

ببّه

teplota

ازنیولفنا

chrípka

یتساان نس

hnačka

رد رس

bolesť hlavy

ناطرس

rakovina

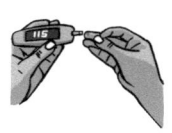

ركش

cukrovka

حارج

chirurg

لپلاکس

skalpel

تایلمع

operácia

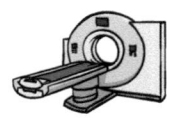

سیـنتي
....
CT

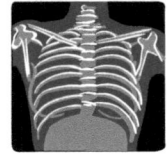

ایکس رى
....
RTG

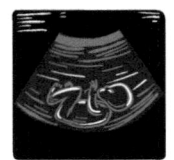

النتراساوند
....
ultrazvuk

د مخ ماسک
....
maska

ناروغي
....
choroba

انتظار خونه
....
čakáreň

امسآ
....
barla

پلستر
....
náplasť

بنداژ
....
obväz

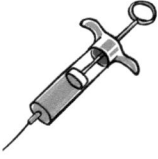

تزریق
....
injekcia

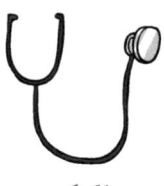

ستاتسکوپ
....
fonendoskop

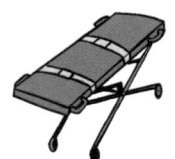

تسکیره
....
nosidlá

کلینکي ترماميتر
....
teplomer

زيږون
....
pôrod

زيات وزن
....
nadváha

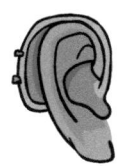

ستهمرسه ودوا د

audiofón

د عفونيت څخه پاکونکي مواد

dezinfekčný prostriedok

عفونيت

infekcia

سورويو

vírus

ايدز/ويروی.ايچ.اي

HIV / AIDS

ملرد

medicína

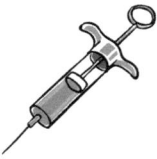

واکسين

očkovanie

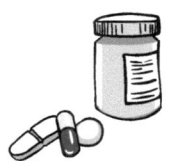

ستيبليتابت

tabletky

ولوګی

antikoncepčná pilulka

تليفون عاجل

tiesňové volanie

د ويني د فشار خاروونکی

tlakomer

غوراوغ/ناران

chorý / zdravý

مرسته!

Pomoc!

الارم

alarm

يرغل

prepad

بريد

útok

خطر

nebezpečenstvo

عاجل لاره

núdzový východ

اورا!

Horí!

د اور وژونکی

hasičský prístroj

پیښه

nehoda

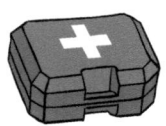

د لومړی مرستي لوازم

kufrík prvej pomoci

ایس.او. ایس

SOS

پولیس

polícia

اروپا

Európa

شمالي امريکا

Severná Amerika

سهيلي امريکا

Južná Amerika

افريقا

Afrika

آسيا

Ázia

آسترليليا

Austrália

اتلانتيک

Atlantický oceán

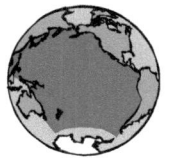

پاسيفيک

Tichý oceán

د هند بحر

Indický oceán

جنوبي منجمد بحر

Južný oceán

د شمال قطب بحر

Severný ľadový oceán

شمالي قطب

Severný pól

سهيلي قطب

Južný pól

انتاركتيكا

Antarktída

خُمكه

Zem

خُمكه

krajina

بحر

more

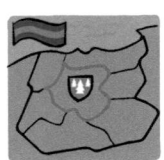

تـاپو

ostrov

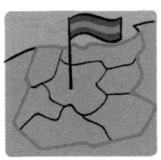

ملت

národ

دولت

štát

د مخی ساعت

ciferník

د ساعت ستنه

hodinová ručička

د دقیقی ستنه

minútová ručička

د ثانیی ستنه

sekundová ručička

څه وخت دی؟

Koľko je hodín?

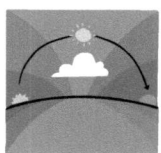

ورځ

deň

وخت

čas

اوس

teraz

دیجیټل ساعت

digitálne hodiny

دقیقه

minúta

ساعت

hodina

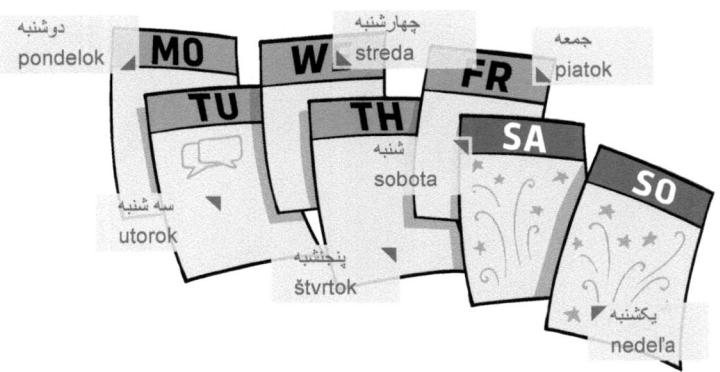

دوشنبه
pondelok

چهارشنبه
streda

جمعه
piatok

سه‌شنبه
utorok

شنبه
sobota

پنج‌شنبه
štvrtok

یکشنبه
nedeľa

پرون

včera

نن

dnes

سبا

zajtra

سهار

ráno

غرمه

poludnie

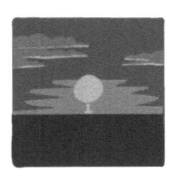

ماښام

večer

MO	TU	WE	TH	FR	SA	SU
1	2	3	4	5	6	7
8	9	10	11	12	13	14
15	16	17	18	19	20	21
22	23	24	25	26	27	28
29	30	31	1	2	3	4

کاري ورځي

pracovné dni

MO	TU	WE	TH	FR	SA	SU
1	2	3	4	5	6	7
8	9	10	11	12	13	14
15	16	17	18	19	20	21
22	23	24	25	26	27	28
29	30	31	1	2	3	4

د اونۍ پای

víkend

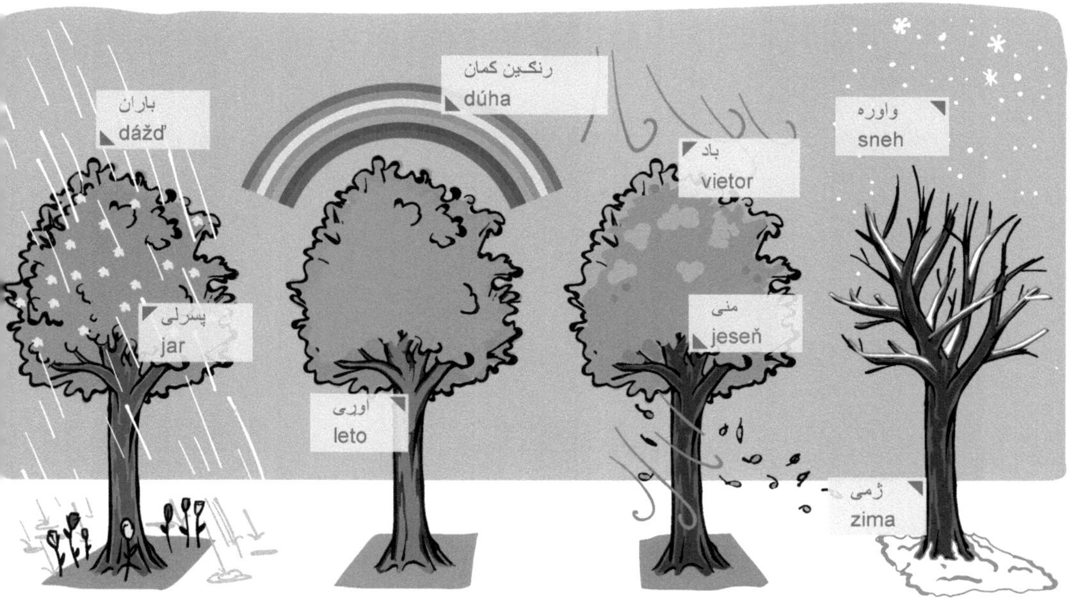

باران
dážď
رنګین کمان
dúha
باد
vietor
واوره
sneh
پسرلی
jar
منی
jeseň
اوړی
leto
ژمی
zima

4.APRIL 11°
5.APRIL 4°
6.APRIL 13°
7.APRIL 8°
8.APRIL 10°

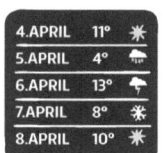

د موسم وړاندوینه
predpoveď počasia

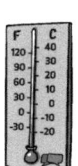

F C
120 90 60 30 0 -30
40 30 20 10 0 -10 -20

ترمومیټر
teplomer

د لمر وړانګې
slnečný svit

وریځ
oblak

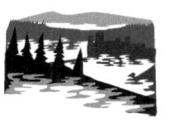

لړه
hmla

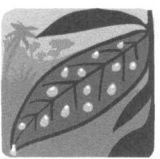

رطوبت
vlhkosť vzduchu

رپنا

blesk

تندر

hrom

توفان

búrka

ژلی وریدل

krúpy

مون سون باران

monzún

سیلاب

záplava

یخ

ľad

جنوري

január

فبروري

február

مارچ

marec

اپرېل

apríl

مۍ

máj

جون

jún

جولای

júl

اګست

august

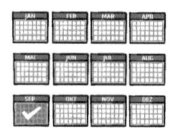

سپتمبر

september

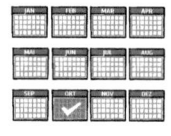

اكتوبر

október

نومبر

november

دسمبر

december

tvary

دايره

kruh

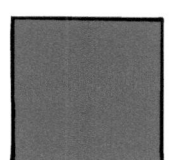

مربع

štvorec

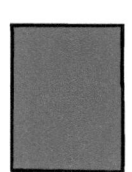

مستطيل

obdĺžnik

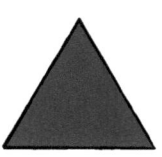

مثلث

trojuholník

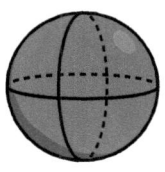

توپ

guľa

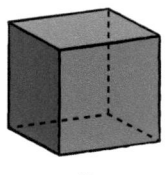

فال

kocka

سپين
....
biela

ژیر
....
žltá

نارنجي
....
oranžová

کــلابي
....
ružová

سور
....
červená

ارغواني
....
fialová

نيلي
....
modrá

ښين
....
zelená

نسواري
....
hnedá

خر
....
šedá

تَور
....
čierna

خورا لبر/خورا بير/خورا

veľa / málo

مارا/قار

zúrivý / pokojný

بش کلیب/بدشکله

pekný / škaredý

پیل/پای

začiatok / koniec

لوی/کوچنی

veľký / malý

روشانها/تیاره

svetlý / tmavý

ورور/خور

brat / sestra

پاک/ککر

čistý / špinavý

مکمل/نامکمل

úplný / neúplný

ورخ/شپه

deň / noc

مر لاژوندی

mŕtvy / živý

پراخه/انری

široký / úzky

د خوراک ور/نه خورل کيدونکی

chutný / nechutný

بد/مهربان

zlostný / láskavý

پاريديلي/بي خونده

vzrušený / unudený

چاق/وچ

tlstý / chudý

لومري/اوروستی

prvý / posledný

ملګري/دښمن

priateľ / nepriateľ

ډک/تش

plný / prázdny

سخت/نرم

tvrdý / mäkký

دروند/سپک

ťažký / ľahký

لوږه/تنده

hlad / smäd

ناروغ/روغ

chorý / zdravý

غير قانوني/قانوني

nelegálny / legálny

هوښيار/ساده

inteligentný / hlúpy

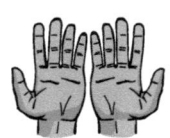

کيڼ/ښي

vľavo / vpravo

نژدې/لرې

blízko / ďaleko

نوی/زوړ

nový / použitý

هيڅ/څه خوا

nič / niečo

زوړ/خوان بد

starý / mladý

چالان/بند

zapnuté / vypnuté

خلاص/تړلی

otvorené / zatvorené

غلي/پر لور غږ

tichý / hlasný

بډايه/غريب

bohatý / chudobný

صحيح/غلط

správne / nesprávne

زبر/ملايم

drsný / hladký

خفه/خوښ

smutný / šťastný

لنډ/اوږد

krátky / dlhý

 سست/ګرندی

pomaly / rýchlo

لوند/وچ

mokrý / suchý

ګرم/يخ

teplý / studený

جګړه/سوله

vojna / mier

0

صفر
....
nula

1

يو
....
jeden

2

دوه
....
dva

3

دري
....
tri

4

څلور
....
štyri

5

پنځه
....
päť

6

شپږ
....
šesť

7

اوه
....
sedem

8

اته
....
osem

9

نهه
....
deväť

10

لس
....
desať

11

يولس
....
jedenásť

12

سلود

dvanásť

13

سلرلديا

trinásť

14

خرلرلس

štrnásť

15

سلخنپ

pätnásť

16

سرابش

šestnásť

17

سلووو

sedemnásť

18

سلتٵا

osemnásť

19

سلون

devätnásť

20

لش

dvadsať

100

لمس

sto

1.000

رز

tisíc

1.000.000

نويليم

milión

انگلسي

angličtina

امريكايي انگلسي

americká angličtina

چينايي مندرين

mandarínska čínština

هندي

hindčina

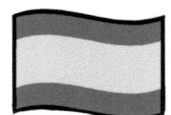

هسپانوي

španielčina

فرانسوي

francúzština

عربي

arabčina

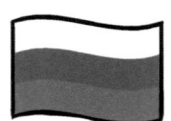

روسي

ruština

پرتگالي

portugalčina

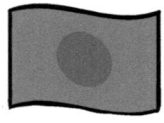

بنگالي

bengálčina

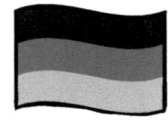

آلماني

nemčina

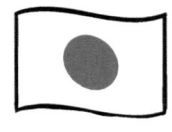

جاپاني

japončina

زه

ja

ته

ty

♂ ♀ ○

هغه/دغه/دا

on/ona/ono

موږ

my

تاسې

vy

دوی/هغوی

oni

څوک؟

kto?

څه؟

čo?

څنګه؟

ako?

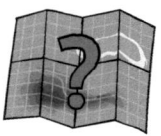

چېري؟

kde?

کله؟

kedy?

HELLO, I AM

نوم

meno

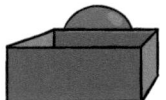

شاته

za

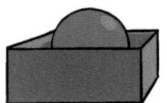

پﻪ

v

پﻪ مخﻪ کی

pred

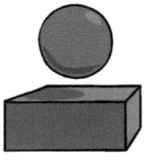

باندی

nad

پﻪ

na

لاندی

pod

برسیره پر

vedľa

ترمینځ

medzi

ځﺎی

miesto